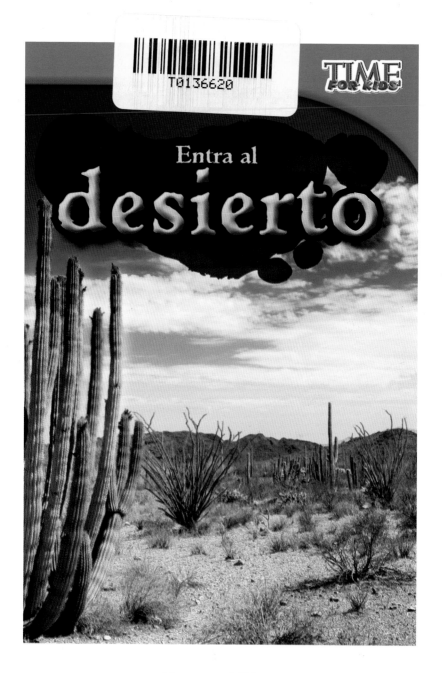

Entra al
desierto

Howard Rice

Asesor

Timothy Rasinski, Ph.D.
Kent State University

Créditos

Dona Herweck Rice, *Gerente de redacción*
Robin Erickson, *Directora de diseño y producción*
Lee Aucoin, *Directora creativa*
Conni Medina, M.A.Ed., *Directora editorial*
Ericka Paz, *Editora asistente*
Stephanie Reid, *Editora de fotos*
Rachelle Cracchiolo, M.S.Ed., *Editora comercial*

Créditos de las imágenes

Cover Frank Bach/Shutterstock; p.3 Isabella Pfenninger/Shutterstock; p.4 imagebroker rf/Photolibrary; p.5 Tischenko Irina/Shutterstock; p.6 Rechitan Sorin/Shutterstock; p.7 top: Arkady/Shutterstock; p.7 bottom: Galyna Andrishko/Shutterstock; p.8 USGS/www.ga.water.usgs.gov; p.9 Photomorphic/iStockphoto; p.10 top: Pete Turner/Getty Images; p.10 bottom: EuToch/Shutterstock; p.11 top: hainaultphoto/Shutterstock; p.11 bottom: Galyna Andrushko/Shutterstock; p.12 EuToch/Shutterstock; p.13 Cartesia; p.14 Cartesia; p.15 top: Evgeniapp/ Shutterstock; p.15 bottom: Patrick Poendl/Shutterstock; p.16 Tim Roberts Photography/Shutterstock; p.17 Anthon Jackson/Shutterstock; p.18 Pichugin Dmitry/Shutterstock; p.19 top: Arkady/Shutterstock; p.19 Pichugin Dmitry/Shutterstock; p.20 Zeljko Radojko/Shutterstock; p.21 Wolf Lang - CNImaging/Newscom; p.22 Isabella Pfenninger/Shutterstock; p.23 top: Vladimir Wrangel/Shutterstock; p.23 bottom: david vadala/Shutterstock; p.24 top: Joe Belanger/Shutterstock; p.24 left: Arkady/Shutterstock; p.24 right: efendy/Shutterstock; p.25 Caitlin Mirra/ Shutterstock; p.26 left top: Jeffry M. Frank/Shutterstock; p.26 left bottom: Litwin Photography/Shutterstock; p.26 right top: Tom McHugh/Science Photo Library; p.26 right bottom: Wild At Art/Shutterstock; p.27 Darren J. Bradley/Shutterstock; p.28 Keattikorn/Shutterstock; back cover Tischenko Irina/Shutterstock; background nito/ Shutterstock

Basado en los escritos de *TIME For Kids*.

TIME For Kids y el logotipo de *TIME For Kids* son marcas registradas de TIME Inc. Usado bajo licencia.

Teacher Created Materials

5301 Oceanus Drive
Huntington Beach, CA 92649-1030
http://www.tcmpub.com

ISBN 978-1-4333-4450-3

© 2012 Teacher Created Materials, Inc.
Printed in Malaysia
Thumbprints.42805

Tabla de contenido

¿Dónde estás?

Mira a tu alrededor. El cielo es vasto y azul. La tierra está seca y no hay plantas. La arena forma montañas que se extienden hasta donde alcanza la vista. Un grupo de camellos desfila a paso lento frente al sol del amanecer. Cada vez hace más calor.

¿Dónde estás? En el **desierto**.

¿Qué es un desierto?

Un desierto es una región con muy poca lluvia y temperaturas muy altas durante el día.

Por lo general caen menos de 10 pulgadas de lluvia al año. El suelo normalmente es seco.

El ciclo del agua

condensación

evaporación

precipitación

residuo superficie

derretido de
la nieve

evaporación

residuo de aguas
subterráneas

La evaporación ocurre cuando el
agua cambia de estado líquido para
convertirse en **vapor** en el aire.

Cuando llega a llover en un
desierto, el calor del sol seca casi
toda el agua. Esto se llama la
evaporación.

ondensación

aporación

    Una de las causas de la evaporación es la alta temperatura. Las noches en el desierto pueden ser frías, ya que la tierra libera el calor retenido. Pero en el día, la tierra absorbe el calor.

En el desierto, ¡la temperatura puede alcanzar 130°F!

¿Qué tan caliente es esto? La mayoría de las personas se siente cómoda a unos 70°F. En el desierto, la temperatura puede ser más del doble.

¿Dónde están?

Casi todos los desiertos están en dos regiones llamadas *Trópico de Cáncer* y *Trópico de Capricornio*. Búscalos en el mapa. También podrás ver dónde están los desiertos más grandes del mundo.

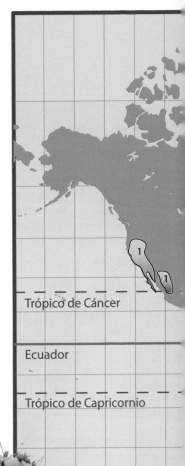

Trópico de Cáncer

Ecuador

Trópico de Capricornio

Desiertos en el mundo

1. Norteamericano
2. Atacama
3. Patagonia
4. Sahara
5. Namib
6. Kalahari
7. Árabe
8. Turquestán
9. Irán
10. Thar
11. Taklamakan-Gobi
12. Australiano

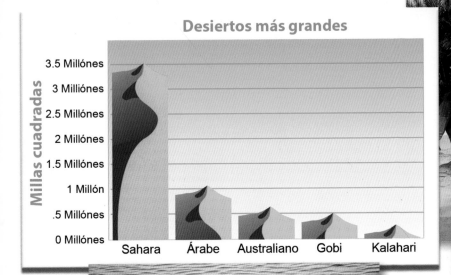

Desiertos más grandes

Millas cuadradas

3.5 Millónes	
3 Milliónes	
2.5 Millónes	
2 Millónes	
1.5 Millónes	
1 Millón	
.5 Millónes	
0 Millónes	Sahara Árabe Australiano Gobi Kalahari

En este gráfico se muestran los cinco desiertos más grandes de la Tierra. El desierto del Sahara es el más grande de la Tierra, pero esto no significa que los otros sean pequeños.

El desierto más extenso del mundo es el **Sahara** en África. En la mayor parte del Sahara no llueve, pero hay varios ríos subterráneos. En ocasiones, el agua sube a la superficie.

El calor del desierto puede hacerte pensar que estás viendo un oasis que en realidad no existe.

Se forma un **oasis**. Un oasis es una zona verde y húmeda en medio del desierto.

¿Cómo se forman?

Muchos desiertos se forman debido a las montañas. Las montañas altas impiden que la **humedad** llegue al otro lado.

Sobre las montañas cae lluvia y nieve, pero cuando el viento llega al desierto, ya está seco.

Otros desiertos se forman
porque la región está lejos de masas
de agua. El aire absorbe agua de los
lagos y océanos. Luego llueve. La
lluvia no puede llegar tan lejos.

Aunque es escasa, el agua
cambia la forma de los desiertos,
como también lo hace el viento.

Puedes hacer un experimento de erosión. Forma un montículo de arena. Vierte agua de una jarra sobre la ladera del montículo. ¿Qué sucede? ¡Erosión!

El agua y el viento causan **erosión**. La tierra es tan seca que se desprende cuando llega el agua o el viento. Esto se conoce como erosión.

Los vientos desérticos golpean
las rocas y las transforman. También
soplan la arena con fuerza y forman
dunas. Las dunas son como pequeños
montes que cubren el desierto.

Cuando el viento sopla de una sola dirección, la duna tiene forma de luna. Cuando el viento sopla de distintas direcciones, la duna parece una estrella.

Sand Dunes

¿Puede haber vida allí?

flor de cacto

escorpión

escarabajo coprófago

Aunque hay poca agua, existe vida animal y vegetal en muchos desiertos.

árbol de Josué

Las semillas de las plantas del desierto pueden esperar largo tiempo bajo tierra. Cuando hay lluvia, crecen y florecen rápidamente. Otras plantas tienen largas raíces que se extienden a gran profundidad en la tierra en busca de agua.

correcaminos

lagarto barbudo

yuca

Los animales del desierto han encontrado maneras de vivir con poca agua. Unos duermen durante la temporada de sequía. Otros pueden vivir largo tiempo sin agua. Muchos duermen durante el día y salen de noche cuando baja la temperatura. Algunos vuelven a usar el agua que está en su interior.

rata canguro

coyote

La vida en el desierto no es para todos. Es difícil por el calor y la falta de agua. Pero, como lo demuestran estas plantas y animales, ¡es posible!

Glosario

desierto—un área de la Tierra con muy poca lluvia y por lo general altas temperaturas

duna—un monte de arena formado por el viento

erosión—el desgaste de la tierra causado por el agua o el viento

evaporación—el cambio del agua de líquido a vapor

humedad—una pequeña cantidad de líquido, usualmente de agua

oasis—una zona del desierto con agua abundante y vegetación

Sahara—el desierto más grande del mundo

vapor—la forma gaseosa de un líquido